천년의 시 0142

천년의시 0142

이런 사랑

1판 1쇄 펴낸날 2022년 12월 30일
지은이 조기호
펴낸이 이재무
기획위원 김춘식, 유성호, 이형권, 임지연, 홍용희
책임편집 박예솔
편집디자인 민성돈, 김지웅, 정영아
펴낸곳 (주)천년의시작
등록번호 제301-2012-033호
등록일자 2006년 1월 10일
주소 (03132) 서울시 종로구 삼일대로32길 36 운현신화타워 502호
전화 02-723-8668
팩스 02-723-8630
블로그 blog.naver.com/poemsijak
이메일 poemsijak@hanmail.net

ISBN 978-89-6021-690-7
978-89-6021-105-6 04810(세트)

값 10,000원

*이 책은 전남문화재단의 후원을 받아 발간하였습니다.

조기호 시집

천년의 시작

시인의 말

세상이 다 짠해 보였다.
하루하루가 불쌍하고 모두 안타까웠다.

그러나
가난과 아픔을 짊어지고서도
끝내 아무 말도 하지 못하는 것들과
억눌린 많은 것들이
모두 착하고 정직하게 살고 있었다.
삶이 문득 슬퍼 보였고
그래서 또한 아름답게 보였다.

그들을 보듬어 주어야 한다고 생각했을 때,
시가 사랑이어야 한다는 말이 떠올랐다.

나는 나의 시가
긍휼과 긍정과 감사의 시간 속에 머무르기를 원했다.
그럼에도 눈물로 주체할 수 없는 어느 길목에서는
울음과 탄식과 몸부림이 되어 주기를 바랐다.
끝내는 홀로 외롭게 남을 고지식한 기다림이 될지라도.

첫 시집이라니,
그동안 나의 도리를 다하지 못한 죄송함이 크다.
다만 부끄러움을 무릅쓴 시들로
그 송구함을 대신하고자 할 따름이다.

2022년 12월

조기호

차 례

제2부

제3부

제1부

홍시

단맛이란
꾹꾹
떫은 시간을
뜨겁고
맵게 눌러 채워야 하는 것

오래도록
바람 끝에 재워 둔
홍시가
다 그리 붉은 까닭이다

따뜻한 물음

—괜찮니?
어느 겨울 아침

밥상 위에 막 올라온 청국장을 엎질렀을 때
엄마는 부리나케 달려와 그렇게 물었었다.
뜨거운 국물이 바지를 뚫고 허벅지로 파고들었지만
그 순간 나는 괜찮았다
정말 하나도 안 뜨거웠다
엄마가 그렇게 묻지 않았더라면
나는 무척 아팠을지도 모른다.

아,
그 눈물 나는 말
나도 누군가에게 전해 주고 싶다.

하루해를 등에 지고
유리 조각 같은 시간들을 마구 밟으며
조랑말처럼 끄덕끄덕 골목을 싸돌았을
착한 발굽들에게

>

힘들고
수치스럽고
서럽고
그리고
자꾸만 덧나
좀체 아물지 않는
세상의 모든 상처들에게

괜찮냐고
오늘도 무척 아팠을 것이라고
부디 아프지 말라고
엄마처럼 그렇게

어머니의 국화빵

어머니는 숙주宿主였다.
낡은 부라더미싱을 붙잡고
밤마다 마른 관절 마디마디를 꿰매시던 어머니는
종무소식인 아버지를 끝내 찾지는 않았지만
헝클어진 실타래를 이빨로 잘근잘근 풀어낼 때면
가는 봄 오는 봄의 그 구슬픈 언덕배기에
'징한 놈', '무지한 놈'을 냅다 패대기치곤 했었다.

밥상머리마다 올려지는 장아찌와 멸치 대가리와
한 사발의 보리 누룽지를 마시며
나는 무럭무럭 자랐지만
어머니는 고질을 앓으셨다.

두통이 심한 날이면
바느질을 할 수 없는 어머니는 빈털터리가 되었고
나는 가게를 들를 수 없어서 불쌍했었다.
아니, 노릇노릇 냄새를 피우는 국화빵이 유난히 컸었으므로
나는 어머니가 원망스러웠다.
눈앞이 흐려도, 제아무리 실꾸리가 엉켜도
어머니는 종일 미싱을 돌려야 했기 때문이었다.

>

나는 곧장 학교 앞 약방으로 뛰어가
토끼표 APC 알약을 사다 어머니 앞에 내밀었고
어머니는 그때마다 하늘을 보며 약을 털어 넣으셨다
마침내 헝겊으로 머리를 질끈 동여맨 미싱이
드르르 돌아갈 무렵이면 슬며시 가게 문이 열리고
뜨뜻하게 국화빵이 구워져 나와 나는 마냥 즐거웠고
그럴 때면 바늘에 손을 찔리며 눈살 찌푸리던 어머니는
미싱 바퀴에 기름칠하면서 넌지시 웃기도 했었다.

헤일 수 없이 수많은 밤을 노래하던 동백 아가씨는
아니 국화빵 속에 노곤한 어깨를 파묻고 고꾸라져 잠들던
어머니는
숙주宿主였다.
찬바람 쌩쌩 부는 한겨울에도
날마다 한 봉지의 꽃을 피워내야 하는
가난한 세월의 모퉁이
어느 철없는 조무래기 국화빵의.

별은 반짝이건만

별들이
도란도란 속삭이는 줄 알지만
지상에서
헤아릴 수 있는 자
누구일까

목 놓아
저 별들
수천 년의 거리에서
밤마다 마주 보며 울고 있다는 것을

아픈 말

아프다는 말처럼
아니, 아프다 말하지 못하는 말처럼
아픈 말이 있을까.

살구 열매가 한창이라는 친구
나뭇가지를 얼마나 두들겼는지 팔이 아프다 한다
한 소쿠리 담아 두었으니 와서 가져가라 한다

아프다 말하지 못하는
저 살구 말고도
아픈 말들이 세상에는 또 얼마나 많을까

끝내
아무런 말 한마디 남기지 않은
노부부의 부음訃音 같은
외롭게 버려지지 않기 위해
손을 꼭 잡고 함께 피웠을
마지막 그 연탄불 같은

합장合葬 하는 날

무덤을 열고
흙을 파헤치니
관 속에 입 꾹 다물고 누워 계신 어머니
무슨 일이냐
깜짝 놀라 눈을 크게 부릅뜨신다.

살아서도 평생을 홀로 지냈다는 어머니는
풍광 좋은 산수만을 떠돌아다니던 아버지를
한사코 받아 주지 않겠다고 했었고
그렇게
원망과 한
끝내 거두지 못한 유언 또한
뼈로 남을지라도 절대로 함께 눕지 않겠다는 것이었다.

그런 어머니,
완강하게 버티고 누운
두골과 사지의 뼈를 거두어
비닐처럼 썩지 못하고 너덜거리는 가슴애피*를
깨끗이 하늘로 태워 보내고
한 줌 가벼운 재로 남겨진 유골을

조심조심 아버지 곁으로 모셔 오자
민망한 듯 아버지는 넌지시 미소를 짓고
어머니는 낯을 붉히며 등을 돌리고 눕는다.

아,
산산조각이 되어서야
하얗게 가루가 되어서야
비로소 쓸쓸했던 한 생애를 품어 주는
한이란
어쩌면 저렇게 쑥스러운 것일지도 모르는 일이었다.

* 가슴애피: '가슴앓이'의 방언.

끄·트·머·리

—북항北港*에서

도무지 맞설 수 없어서
도망하고 피해 달아난 곳,
그래서 무참하게 꺾인 몸
더 이상 물러설 곳 없는 막다른 곳을 '끝'이라 하지만
북항은 아니다.

삶에 속거나
곤궁한 일상의 처마 끝에서 굴러떨어진
절망과 좌절이 무리를 지어
붉은 눈물을 훔치며 주저앉은 곳
달려온 시간들을 부끄러워 마라
등 떠밀던 바람도 탓하지 마라
살아온 죄
누구의 잘못도 아니거니
풀벌레처럼 차가운 어둠 속에 엎드려
밤마다 힘없이 떨며 울었을
상심傷心의 끄트머리

흔들리는 물결 위에 불을 지피는
저 뜨거운 북항의 노을처럼

일어나 몸부림으로 다시 타올라야 한다
길은 언제나 그 끄트머리에
당신을 위한 또 하나의 길을 숨겨 놓는다는 사실을
잊지 말아야 한다

* 북항 : 목포 시가지 북쪽, 노을공원이 있는 항구.

돌

돌
차갑다 한다

그러므로
무심히
밟고 지나간 사람들은 알지 못한다

잠시
엉덩이를 걸치고
콧노래라도 불러 주면
당신이 앉았다 간 시간만큼
돌도
금방 따스해진다는 것을

우울의 근원

나는
누군가의 목마름이 만들어 놓았을
그 깜깜한 깊이에
말없이 고여 있는
한 움큼의 외로움이었다.

아니,
바람이 그립고
햇살이 그리워
희뿌연 달무리 속에 숨어서
애태우는 별이었거나
검은 동굴 안에 갇혀서 우는
짐승의 울음이었을지도 모른다.

온몸에 푸른 이끼가 박힌
쓸쓸함이기도 했을
한 모금의 물이란
멀고 아득한 하늘을 홀로 걸으며
밤마다
깊은 내 우울 안에 고여 넘치는
목마름이었으므로

낮달

같은 시간
같은 공간만을
고집하지 않을래
욕심의 절반은 비울래
세상은 보이는 것만으로
존재하지 않는다는 것을 보여 줄래

당신이 바라보는 산 너머
두 눈
다 감아야
비로소 보이는
아니
눈멀어야 보이는 하늘이 있다는 것을

‘그냥’이라는 말

‘그냥’이라는 말
넌지시 던져 놓거나
슬쩍 놓아 두는 말이다

마음을 꺼내는 사람도
마음을 돌려주는 사람도
얼굴 붉히지 않아도 되는
부담 없는 말

그러나
온밤
달빛을 따라
곰곰이 걸어온 생각들이
이제는 돌아갈 수 없다는 것을
아니 돌아갈 곳이 없다는 것을 아는 말

그대로 쓰러져 잠이 들지라도
바람에 날려 가지 않기를
구겨져 버려지지 않기를
다만 그리며
가슴 조이는 말이다.

벽을 말하다

벽이 당신 앞에 마주 설 때
그저 멋진 그림을 보여 주기 위해서겠지라고 생각하지만
그것은 아직 벽을 알지 못하는 말이다

벽은 거울처럼 자신을 비춰 줄 수 없어서 답답하다
당신이 즐거워하는 멋진 꿈을 떠받들며
그렇게 기우뚱거리지 않기 위해
얼마나 오랫동안 등줄기를 곧추세워야 하는지에 대하여
하얗게 초승달이 돋고 질 때마다
크고 작은 당신의 추억들을 쓸어안기 위해
얼마나 더 많은 아픔을 간직해야 하는지에 대하여

그러나
홀로 흔들리며
당신 뒤에 숨어서 쓸쓸히 살아온 벽
사랑이란
하나씩 가슴에 못을 박는 일이라는

벽은 오늘도
당신의 하늘을 향하여

자꾸만 구부러지는 허리를 뒤로 팽팽하게 잡아당기며
머리에서 발끝까지 촘촘히 박힌
못들을 보듬을 것이다

끝내 등을 보이지 않는 벽
한사코 껴안고 살라 하는 벽

여태껏
녹슨 못 자국 하나 가져 보지 못하였다면
눈물 젖은 무릎 한 켤레 가져 보지 못하였다면
벽에 대하여
어리석음에 대하여
함부로 말하지 말아야 할 일이다.

짧아져도 좋을 말

나의 힘
너 하나 업을 수 있으면 족하다

그 밖의 소용
무엇 있으랴

늦은 귀가에 대한 변명

슬프다
길이 정해져 있다는 사실이
거리에서 만나야 하는 번듯한 통념들이
살필 틈도 없는 뻔한 대답들이

모든 것은 운명이었으므로
더러는 행운이었고
간혹은 불운이었다는
희망에 대한 어처구니없는 격려들이

떠나기 위해
아니 돌아오지 않기 위해
이를 악물며 걷다가도
밤이면 어김없이
사람들은 터덜터덜 신발을 끌며
어느새 각각의 집으로 되돌아오고 만다는 사실이

언제나
하나 마나 한 꿈들을
다시 베고 누워야 하는 현실이

‘기다림’이라는 이름으로

마침내
그리움이
온몸으로 매달리는 것은 기다림이다

날개를 펼치며
날개깃에 닿는 바람이
당신을 그곳으로 데려갈 것이라 믿는
기다림이란
아직도
당신이 띄울
수백의, 아니 수천수만 통의 편지가 남아 있다는 것이다
애처롭게
등불을 들고 문밖에서 서성이지 마라
밤하늘을 가리키며 오리무중五里霧中이라고도 말하지 마라

언덕에 서서
제 그림자 하나 거꾸로 매달고 살아가는 나무처럼
다만 기다리라
구름 속에서 홀연히 꽃을 피우는 눈송이처럼
당신의 가슴을 흔드는

눈물겨운 이야기들이 내려앉을 때까지
그리하여
기쁨을 위해 당신이 참아 왔던 모든 것들이
따뜻한 슬픔이었다는 것을
알 때까지

슬퍼하지 마라
오지 않는 이를 기다리는 날들이
다 사랑이다

제2부

예쁜 꿈

조용히
마루에 걸터앉아
쪽문 열리는 소리를 듣는 것.

그 문
삐그덕,
열고 들어오는
꽃 같은 당신을 보는 것.

거울 앞에서

거울을 본다,
길게 휘어져 한쪽으로 한쪽으로
아프게 흘러간 강물을 본다

한 생애
못다 그리다가
쓸쓸히 야윈 육신을 거느리고

이름 없이
봉분封墳에 묻힌
깨어진 토기의 빗살무늬를 닮은
목마른 뿌리의 생채기 같은
세월을 본다.

위 단추 하나쯤 끄르고 조금은 느슨하게
버드나무처럼 흔들렸어도 좋았을 것을
고개를 숙여 목덜미는 하늘에 맡기고
발등의 꿈 슬며시 내려놓을 줄도 알아야 했을 것을
물끄러미 양털 구름을 바라보거나
새를 바라볼 수 있는

한 평의 그늘이라도 일구었더라면 좋았을 것을
만질 수 있는 것들보다 만질 수 없는 것들을 생각하며
멀리 있는 것들에게도 귀를 기울였으면 좋았을 것을
하늘에게도 한 줌
땅에게도 한 줌 마음 골고루 뿌려 주고
희끗한 웃음 한번 날려 주었더라면 좋았을 것을……

아,
아무 일도 일어나지 않았으나
일어나지 않은 그 모든 것들이
고작 가진 전부였던
가난한 그리움을 본다.

준순逡巡과 방황의 시간들 속에서
밤마다 온몸을 칭칭 감았던,
그러다가 끝내는 사랑이라 부르고 싶었던
켜 켜의 주름들을 본다.

이 그리움의 작은 틈으로

공손히 내려앉는
한 줄기 빛이 눈부십니다
하얗게 날리는
먼지조차도 예쁩니다
기도하듯
두 손을 모으며
쪽문의 작은 틈을 비집고
빛이 들어옵니다

해진 틈으로
찢긴 구멍으로
그렇게 아픈 상처를 비집고 들어오는
곱고 따스한 아침같이
그대여
지금은 어둠인
이 그리움의 작은 틈으로
한 줌 햇살처럼 와 주십시오

내 안의 사랑

길이란
무릇
당신에게로 가기 위하여
견딜 수 없는 낮과 밤을 깎아낸 산이었습지요
땀이었고
눈물이었고
물집투성이었고
그러고는 온통 산더미 같은 그리움이었습지요.

하지만
내 안의 사랑이 산을 옮길지라도
그 길
당신을 반길 수 없다면 무슨 소용입니까
멀리서 바라만 보아야 할 길이라면
우리가 오갈 수 없는 길이라면
얼마나 헛된 노역입니까.

한 사람을 사랑하는 일
그렇게 산 하나 허무는 일이었으니까요.

별 하나가 나를 슬프게 하네

저 별 하나
몇 광년의 시간을 거치며 여기까지 왔을까.

어둠이었고
혼돈이었고
끝없는 미명이었으며
어쩌면
정체도 없는 꿈이었을지도 모르는
네가

돌연 불똥처럼
내 이마에 쿵 떨어져 내렸을 때
나는 벼락 맞은 나무처럼 몸을 벗고
푸른 별의 글썽한 슬픔을 껴입은
까만 돌이 되었다.

돌에 박혀 날지 못하는
너를 보듬고
나는 풀어 줄 힘이 없어 울었고
너는 도무지 돌아설 여력이 없어서 울었다.

>

그러나
머물지 못하는 빛이라면
끝내 너를 떠나보내야 한다면
나는 숯덩이 같은
이 마음을 깨부수기 위하여
또다시 몇 광년의 세월을 보내야 한단 말인가.

'적당히'라는 말은 아니었다

'그립다'는 문장을 읽다가
뜨거운 마음을 누그릴 수 있는 말이
무엇일까 생각했다.
데지 않고 아프지 않고 힘들지 않고
그리움에게로 갈 수 있는 말이
무엇일까 생각했다.

괜찮아
마른 입술로 건네는
저녁 어스름의 눈빛처럼
아예
슬픔을 모르는 말이면 좋겠다 싶기도 했다가
출렁한 어둠을 이어 놓은 다리 위로
혹은 아래로
힘겹게 바람이 지나쳐 갈 때마다
거푸 무딘 한숨만을 거듭하는
밤물결 같은 말이어도 좋겠다 싶었다.

그러나
'적당히'라는 말은 아니었다.

외로워도 웃어야 하는
꽃 같은 애련함도 가련함도 아니었다.
명치끝에 숯을 쌓고
완강하게 몸을 거스르며 타오르는 불처럼
까무러지도록 큰 소리로 울어야 하는
그런 말도 아니었다.

때로는
황홀한 결별을 위하여
한 잎 한 잎 붉은 살을 떼어 내는 낙화처럼
오래도록
앓지 않고 깨어난 사랑은 없어
'적당히'라는 말은 숫제 아니었다.

독작獨酌

붉게 충혈된 하늘을 향해 술을 따른다.
혀를 꽉 물고 진창에 쓰러졌던 바람이 꼬리를 세우고
쭈뼛한 지느러미를 가진 구름들이 몰려올 무렵
나는 뜻밖으로
대담해지고 싶어진다
절망을 보듬고 싶어진다
길들지 않고 자유롭게 굴러다니고 싶어진다
물살처럼 휘몰아쳐서 낭떠러지에 이르는 눈물이 되고 싶어진다
외로움이 가슴을 뜨겁게 한다는 것을 깨닫고 싶어진다
그러다가 문득 떠나고 싶어진다

그러나
돌아보면 모든 슬픔은 누구의 탓이 아니었다
아무도 알지 못하였을 뿐
누구도 깨닫지 못하였을 뿐
세상에 이해할 수 없는 말들이란 없었다
꿈들이 눈물들이 좌절과 낙망의 문장들이
그리고 너와 나의 연분緣分들이 모두 그러하였으므로
한사코 울면서 떠나가야 할 까닭은 정말 없었던 것이다

그런데도 붙잡지는 않을 것이다
그러쥐었던 한 움큼의 세월이 허망하게 빠져나간
빈 손바닥 같은 가을을 등지고
허위허위 떠나가는 세상의 뭇 걸음들이
더러 깊은 골짝 어느 눈보라에 싸늘하게 묻힐지라도

나는 잔을 높이 들고 소리 내어 울 것이다
아니, 그 무엇을 위하여 떠나는지도 모른 채
아무런 잘못도 없이 떠나야 하는
끝닿을 데 없이 어리석고 숭고한 이별들을 배웅하기 위하여
조용히 밤을 기다려 술을 따를 것이다
부디 떠나서 훨훨 날아오르라고
무성한 날개를 가지고도 끝내 새가 되지 못한 나뭇잎들에게
그리고 한 번도 스스로를 위해 노래하지 못했던
귀뚜라미의 뜨거운 울음 위에

숯을 위한 노래

불 속에서도 죽지 않는 것이 있다
죽어서도 살아나는 것이 있다

늦은 밤
싸늘해진
한 접시의 사랑과
해맑은 술과 눈물과 외로운 젓가락을 위하여
꿈틀거리며 일어나는
저 포장마차의 숯불을 보며 생각한다

끝이 아닌
마지막이란 무엇이며
마지막이 아닌 불꽃으로 다시 살아나기 위하여
나는
어떻게 내 몸을 태워야 하는지를

난언難言

세상을 따르는 일이 여간 어렵지 않다
수없이 다져 놓은 생각들이 순간순간 무너져 내리고
믿고 따르기로 한 생각들이
돌연 답답함으로 가슴을 짓누르기도 한다

그러지 않아야 하는데,
이래선 안 되는데 하면서도
현명한 내 안의 근심들이란
숙명처럼 늘 머리 위에 똬리를 틀고 앉아
에인 마음을 수없이 도려내야 하는 일이었으므로
게으르고 나태한 인습과 통념에 머리 조아리며
순정한 열망들을 베어 내어야 한다면

누를 수 없는 바람들이란
아니, 억눌린 꿈들이란
도대체 어떻게 살아남을 수 있단 말인가
마음을 다스리는 일이 여간 어렵지 않다

사랑했으므로, 썰물에게

뒤돌아보지 마라
가슴에
구멍 숭숭 뚫린 개펄을 보듬고
저 달빛 밤새워 흐느낄지라도

피곤한 시간의 짐을 벗고 그냥 흘러가라
생각 따위는 접고 맨몸으로 굴러가라
무엇을 할 거냐고, 어디로 갈 거냐고
그리고 몇 시냐고도 묻지 말아라

도망하지 말고
갇히지도 마라
멈추지 말고 마음껏 헤매거라
별도 쓰러지고, 달도 깨어지고
뜨거웠던 밤바람도
흔적 없이 부서지는 것을

아무것도 붙잡으려 하지 마라
울면서 가라 천둥처럼
끝끝내 살아있는 순간을 고집하며

죽을 맛의 힘으로
홀로 마구 뒤집히면서 가라

다시는 돌아오지 마라
약속을 어기고 몰래몰래 돌아와서는
무참히 또 하루를 부수고 짓이기는 희망들이
닿을 수 없고 품을 수 없고
그래서 건널 수 없는 모든 모순들을
사랑이라 꼬드길지라도

나의 시詩

물이다

오늘도 내 생각의 뿌리를 적시는
너를 마시며
나는 쓴다

눈먼 나무의 시를
하늘 아래 물끄러미 매달린 시를
아니, 깃발처럼 나부끼는 시를

홀로 무성해서 외로운 시를
비바람 천둥 번개에도 무심한 시를
아니, 꽃숭어리 한 줌 거느리지 못한 시를

빈 둥지 같은 시를
낙엽처럼 구석으로 뒹굴어 가는 시를
아니, 폭설에 갇혀 울부짖는 짐승 같은 시를

그리고
어느 날도 목마르지 않을

아니, 오래도록 썩지 않고
끝없이 목마를
나의 시를

너는 물이므로

빛이거나 어둠이거나

빛의 후광은 어둠이다
그러나 어둠의 후광이 빛이 되기도 한다

별을 위하여 밤이 있는 것은 아니지만
밤을 위하여 별이 있는 것도 아니지만
그럼에도
밤이 없으면 별 또한 없는 것이다
별이 없으면 밤 또한 없는 것이다

끊임없이 서로의 안부를 물으며
끊임없이 서로를 떠나지 못하는
빛과 어둠의 거리에서

이 밤
갈 곳 없이 배회하는 우매한 걸음과
낯익은 어리석음과 실망과 좌절과 눈물의 후광은
지금 어느 곳에 쓰러져 있는 것이냐

줄 수 있는 것이 없어서
밤마다 하늘의 별을 기웃거리며
한 줌의 고요로

한 줌의 어둠으로
온밤을 다 쓸어 모았지만

아, 내게는 정말
숨죽인 기도祈禱와
한 줄의 시詩밖에 없었으므로
누군가의 등 뒤에서
누군가의 발아래서
나는 그저 차갑고 어두운 그림자였으니

구차한 말들을 거두며
한 번도 단단해 본 적이 없는 두 손을 그러쥐고
별처럼 아득한 곳에서 깜빡이는 그리움에 대하여
칠흑같이 깜깜하고 막막한 사랑에 대하여
감히 묻거니

어둠이여
네가 없으면 나는 어디에서 묵으며
빛이여
네가 없으면 나는 어디로 갈 것인가

사랑이 때로는 어리석음이었다

주고 싶은 것이라서
더 주고 싶은 것이라서
아낌없이 주고 싶은 것이 사랑이라서

소중하고 귀한 난蘭
남쪽 창가
해바라기 좋은 자리에 놓아두고
햇볕도 물도 날마다 수북수북 주었는데
뿌리가 검게 썩어 있었다
말라 죽어 있었다

사랑이
때로는
어리석음이었다

네가 '괜찮아'라고 말을 건넸을 때

치유治癒란
아픔을 싸매는 것이 아니라
다독이는 일이라는 것을
아픔을 낫게 하는 것이 아니라
일깨우는 일이라는 것을

네가
내 어깨를 툭 건드려 주었을 뿐인데
어느새
온몸이 훈훈해지는 것처럼
따뜻한 우리의 체온이
서로 연결되어 흐르고 있다는 것을
깨닫는 일이었다

느린 걸음

단단해야 한단다
사는 일이란 그래야 한단다
'쓸모'보다도 '견딜 힘'이 더 좋아야 한단다

그래야 할 것 같아서
그 길이 빠를 것 같아서
그냥 떠내려가거나 떠밀려 다니며
거침없이 달려온 하루가
푸른 가로등 아래
달팽이처럼 쓰러져 누워 생각한다

나의 길
그 첩경捷徑이란 무엇일까

갈 길 멀고
갚아야 할 그리움이 쌓일지라도
강물에게도
바람에게도
결코 어떤 길에도 짐 지우지 않을 것이다
그저 느린 걸음만을 배울 것이다

온전히 나를 위해 나를 견디며 걷는
미련한 걸음 하나를

제3부

이런 사랑

완화緩和 병동
한구석에서
할머니 한 분
무식하게 사랑을 한다

할아버지 마른 똥을 긁어내며
"시원하쟈, 시원하쟈?'
웃는다

군데군데 검버섯이 박힌
나무껍질 같은 손으로
아프지 말라고
속울음 참지 말라고

그깟 슬픔 받아 내는 것
암시랑토* 않다고

* 암시랑토: '아무렇지도'의 방언.

가을, 그 빈 숲에서

깊은 산
벌거벗은 나무숲을 지나며 나는 생각한다

남김없이
이제는 다 떨어 버리고
더 말라 버릴 것도 없는
늙고 야윈
상수리나무를 만나거든 나는 일러 줄 것이다
주는 것이란
온전히 채울 수 있는 기쁨이 아니라는 것을

더 이상의 뿌리가
뻗어 갈 곳 없는 언덕에 올라서서
날마다 해를 따라 목덜미를 옮겨 가며
마음을 찢고 함께 울던 새들에게도
나는 일러 줄 것이다
주는 것이란
끊임없이 채워야 하는 또 하나의 울음이라는 것을

채찍의 자국만이 선명한

이 숲의 나무껍질들을 바라보며 나는 생각한다

세상에는
살이 벗겨져 나가도록 몸부림하여도
다 주지 못하는 사랑이 있다는 것을
목이 메도록 울부짖어도
아무도 모르는 눈물이 있다는 것을

나무, 새를 이야기하다

새를 붙잡아 두려는 생각을 덜어 내고부터였을 것이다
새에게 힘찬 날개가 필요하단 것을 알게 된 때였을 것이다
새가 다시 돌아오는 때를 기다리는 즐거움이
싹틀 때부터였을 것이다

그렇게
새는 하늘의 것들을 물어다 나무에게 주었고
나무가 바라볼 수 없는 세상을 보여 주었고
바람이 아닌 또 다른 노래를 들려주었고
둘은 함께 꿈길을 걸으며
가끔 위태로운 둥지 안에서
깜깜한 밤을 뜨겁게 끌어안기도 했을 것이다

숲을 들썩이는 온갖 바람 속에서도
나무가 평온해지기 시작한 것은
나뭇가지가 날개를 펴기 시작할 때부터였을 것이다
새처럼 날아오르는 꿈을 꾸면서부터였을 것이다

그리움이란 숲에 갇혀
그저 보고픈 마음을 악물어야 하는 일이 아니라

휘파람 소리 같이 맑고 청량한 산울림으로
서로 귀를 기울이는 일이라는 것을
비로소 깨달은 바로 그때였을 것이다

노거수老巨樹

수백 년이 넘도록
제자리를 지키며 푸르게 살아왔다는 것 하나로
사람들은 내게서
굳은 지조와 기개를 읽고 가지만
온몸 가득
흔들리고 비틀거리는 바람을 품고 살아야 했던
공허와 회의에 대해서는 알지 못한다
이파리 한 장을 붙들기 위하여
참새 한 마리의 무게를 받들기 위하여
허리를 세울 때마다
정수리를 때리고 가는 빗줄기와
하염없이 쏟아지는 눈보라에
휘청거리면서도
저마다의 상처와 고통을 붙들고 와 매달리는
세상의 서글픈 꿈들 때문에
아,
나는
쓰러지지 못하고
오늘도 하늘 우러러
다만 떨면서 견디고 서 있는 것이다

양을산 호수에서

따뜻한 무엇이 되고 싶다
너른 품을 가지고 싶다

바람과
비구름과
길 잃은 새들과
서성이는 모든 외로움과
그리고
세상 짐 잔뜩 지고 엎드려 우는
가엾은 산 그림자, 모두
가만가만 보듬어 주는
너처럼

오이를 깎으며

싹을 틔우면서 우리는
우리가
몇 송이의 꽃을 피워야 하는지에 대하여
걱정하지 않아도 된다
주어진 땅의 넓이만큼
뿌리를 내리고 넝쿨손을 내밀며
웃으면서 그저 햇빛과 마주하면 된다

종일
뙤약볕에 매달려
가쁜 숨을 몰아쉬면서도
우리가
기꺼이 햇살에 몸을 내맡기는 것은
뜨겁게 타는 허허벌판을 끌어안기 위해서다
목마름의 깊이를 헤아리기 위해서다

산다는 것은
꽃을 피우는 일이 아니다
우리가
무덥고 팍팍한 여정에 지쳐 누울 때

서로 가난한 팔을 벌려
누추한 그늘이라도 하나 만들 줄 아는
그런 가슴을 키우는 일이다

오랜 눈물로
서럽게 채운 저마다의 속살을
더러는 내어도 주는 일이다

장작불을 지피다

장작은
하룻밤의 평안을 위하여
제 몸을 태우는 것이 아니다

해진 어깨 사이로 바람이 거칠고
가슴마다 무수히 잎이 떨어져
외투가
한 개비의 성냥보다 못할 때

장작은
가난한 꿈의 관절을 꺾고 쪼개어
한 줌의 불꽃으로
한 줌의 잿더미로
서러운 이 홑겹의 땅을
따뜻이 감싸 안거니

참회할 것 없는 슬픈 생애여
차가운 세상의 구들장 아래
오늘 밤은
작은 솔가지로라도 한번 타올라 보아라
춤을 춰 보아라

사랑한다는 것은

사랑한다는 것은
별을 바라보는 것이리
풍경처럼 아득한 그런 별을
홀로 그리는 일이리

사랑한다는 것은
별에 이르는 것이 아니리
그윽한 눈빛 같은 별 하나를
고요히 품는 일이리

밤마다 너의 하늘을 향해
나의 마음을 곧추세울 수 있다면
그뿐

사랑한다는 것은
정작 다다를 수 없는 곳에 사는
기쁨을 만나는 일이리

하늘로 오르는 물고기

이 산 저 산, 흐르는 구름이었거나
날개 잃은 빗방울이었을 것이다
구릉에서 만나 깊은 계곡을 이루다가
강으로 누워 저무는 노을 서럽게 얼싸안은
우리는 이제
하나의 지느러미를 가진 물고기

바다로 갈 것이다
검고 푸르러 아무도 본 사람이 없다는
물속, 그 깊은 날을 헤엄쳐 갈 것이다
마음껏 바다를 품으면서
물방울 같은 알도 몇 개쯤 품을 것이다
아픔을 깨고 나오는
우레 같은 눈물도 낳을 것이다

그러다가
왜 머무를 수 없었는지
왜 떠나야 했는지
파도처럼 잠들지 못하는 서러운 물결들을 깨워
하늘로 오를 것이다

우리는 어느 날
천둥 속에서 떨어져 나온
한 조각의 슬픔이었을지도 모르는 일이니까

가지가 나무에게

당신으로부터 주어지는 기운과 힘과 모든 것들은
참으로 신비롭고 경이로운 은혜입니다
싹을 틔우고
꽃을 피우고
그리고 열매를 맺을 수 있다는 것은
축복입니다

가지들 또한
비바람에 흔들리면서도 날마다
당신을 붙들고 매달리는 까닭이란 무엇이겠습니까
살아남기 위해서
그리고 끝내는 썩지 않기 위해서겠지요

당신이 늘 푸르기를 바랍니다
그 강건함에 온몸 맡기기를 원합니다
당신의 품에 안겨 향기로워지기를 원합니다
당신의 등에 업혀 사랑을 깨닫기를 원합니다

무릇 사랑이란
모든 것에 대한 믿음입니다

당신은 나무요 나는 가지라는 사실에 대한
시인是認입니다

나무껍질

무언가 채찍에 당한 흔적 같기도 하고
스스로 팔을 그은 자해 자국 같기도 한
그 시퍼런 등줄기를 따라가면
가려운 곳 제대로 한번 긁어 내지 못하고
한 움큼의 서러움을 머리에 인 채
종일 바람에 기대어 먼 산 구름에
삼천 배를 올리는 울음들이 엎드려 있다

잠이 덜 깬 부스스한 얼굴로
깜깜한 새벽을 깨고 나와야 하는
어린 꽃잎들을 위하여
애처로이 길이 끊기는 안개 속에서도
등짐 가득 산을 짊어지고 날아야 하는
작은 새들을 위하여
여기가 아니고 지금이 아닌
또 다른 그 어떤 곳을 향하여 제 몸을 찢던
저 남루한 소망의 옷가지들을 만져 본다

벌레처럼 꿈틀꿈틀,
가느다란 가지의 끝을 보듬고 기어오르는

‘껍질’이라는 말이
왜 이리 아프고 슬픈 것인지
왜 이리 가슴 먹먹해지는 것인지
빼빼하게 마른 나무의 등가죽을 적시며
끊임없이 살을 에었을
비의 문신들을 가만히 들여다본다.

한 벌의 몸
두 손 하늘을 받들며
저리 괴기한 눈물로
한 생生을 채워야 하는 사랑이란
도대체 얼마나 많은
천둥 번개를 맞아야 하는 것일까
군데군데 속살들이 터져 나온 자리마다
옹긋옹긋 돋아난 거친 상처들이
어둠을 뒤집어쓴 고단한 등피처럼
유난히도 붉다

느티나무 사랑

이제는 드러누운들 그리 죄 될 것 같지 않은
저녁 무렵
왜
이제 와 마음이 짠해지는 것일까
마주 보고 그리워하는 일이란
차마 쑥스러운 일이었으므로
아쉬운 날들
굳이 헤아려 무엇 하랴만
해마다 홀로 저무는 느티나무 잎새처럼
나는 왜 늙도록
우두커니 바라만 보고 있었을까
허리를 굽혀
마땅한 죗값이라도 치르듯
가만히 두 손을 모아
가을이 오기 전에
해가 더 짧아지기 전에
따뜻하게 발이라도 한번 어루만져 주고 싶다
오늘도 수고했다고 미안했다고
멋쩍게 웃어 주고 싶다.

상심傷心의 노래

무심히 살아야지
바람을 맞으며
비를 맞으며
낙엽처럼 흩날리며
깨달아야지

기다리는 것은
좀체 돌아오지 않는다는 것을
우리가
붙잡을 수 있는 것은
아무것도 없다는 것을

슬퍼하지 말아야지,
한 장 엽서를 띄우듯
하늘을 향해
모든 기억들을 떠나보내 주어야지

고요히 마른 풀숲을 뒤덮는
달빛 위에서
한 철을 살다 가는 벌레와도 같이
그냥 무심히 죽어 가야지

강가에서 쓰는 시

몸을 던져야
비로소 생겨나는
물무늬 같은 시를 쓰고 싶었다

깊고 푸르러
발 디딜 수 없는 두려움으로
숯불처럼 바람을 머리에 이고
온몸 뜨겁게 데며
물 위를 배회하는
그리움의 시

가슴까지 젖는 어둑길을 따라 걸으며
땅 위의 모든 연민과 집착을 끊고 자르는
물풀 같은
순하고 착한 외로움으로
차마 돌려주지 못한 나머지의 죄송한 인연으로
목에 맷돌을 매달고
홀로 우는 시를 쓰고 싶었다

언젠가 비스듬하게 꽂아 두고 온 내 꿈의

먼 산을 바라보며
부드러운 강의 품에 고요히 숨결을 모으고
붉은 물빛으로 제 몸을 녹여 내는
가난한 노을처럼
서로의 업장業障을 보듬고 녹이는
해원解冤의 시

그러나
끝내 손 한 번 잡아 주지 못한 밤하늘을 향해
사랑한다는 것도
미워한다는 것도
평생 누군가를 짊어져야 한다는
서늘한 업보業報에 대한
등짐 같은 시를 쓰고 싶었다

압화押花

누군가에게
몰래 읽힐 수 있는
마음 하나 남기고 싶었습지요.

날마다 아침을 깨우던 말들
돌아서서 묻고 또 묻던 물음들
끊임없이 퍼붓던 바람의, 비의, 눈보라의 부호들을
수없이 매만지다가 해지고 닳던 문장들과
애태우며 혼자만이 읽을 수 있었던
약속들까지 죄다 보여 주고 싶었습지요.

화사한 꽃잎처럼
다시 피어나기 위해서
모름지기 내가 할 수 있는 것이란
햇살 스러지는 길 위에 순순히 가슴을 묻는 일이었고
고요히 입을 다무는 애처로운 눈빛들을
의심 없이 지켜보는 일이었으며

끝내는
차갑게 봉인封印되어

꿈도 희망도 절망도 아닌
다만 한 잎의 추억들을 바라보며
홀로 숨죽이던 나의 봄을 향하여
한 번쯤 환하게 웃어 주고 싶었을 뿐이었습지요.

제4부

사랑에게

와르르
꽃망울이 터지는 밤이네요
꾹 참았던 것들이 저리 붉네요

그대여
달빛 아래
꽃비로 내려
장독 위에
그리움 한 사발만 올려 주세요

나
슬그머니 훔쳐 갈 수 있도록
들켜도 아무런 죄가 되지 않도록

낙타가 되어 버린 사람

많이 취했었다고
나중에 있을 일들을 미처 생각지 못했었다고
처음의 그것들이 그토록 오래 나를 흔들 줄 몰랐었다고
그때 문득 달이 그리웠다고
헛헛한 꿈의 벌판에서 우리가 그렇게
길을 잃어버린 것은 다행한 일이었지만
뜨거운 바람에 눈 찔리며
가파른 모래언덕을 오르는 낙타처럼
하나씩의 등짐을 져야 하는 것은 안타까운 일이기도 했었지.

함부로 고개를 내밀지 않아야 했고
쓸데없이 헐떡이지 않아야 했으며
아무도 모르는 사막을 건너기 위해서
마지막의 힘을 아끼며 밤을 새웠던 사람
걸음을 늦추어야 할 때와
머리를 수그려야 할 시간과
무릎을 꿇어야 할 자리와
꿈을 날려 보내 주어야 할 곳에 대하여
그리고 끝까지 참아야 하는 것이 울음이라는 것을
낙타보다 먼저 알게 된 사람.

>

삶이란 매 순간을 죽어 가며
그저 차가운 여정旅程에 뼈를 묻는 일이라는
매정하고 서러운 생각의 발길을 따라
어느 틈에 낙타가 되어 버린 사람
다시는
취하지도 흔들리지도 않겠노라고
굽이굽이 쏟아지는 능선을 따라 걸으며
밤마다 달빛에 부리를 박고
모래처럼 흩날리는 한 줌의 사랑을 보았었지.

길에서 쓰는 편지

길이 무척이나 멉니다
참으로 황막荒漠하고 힘든 길입니다
비탈들이 가로놓인 길입니다.

공기 방울처럼 많은 날들을 떠돌면서
오늘은
어둠 속에서 귀뚜라미 울고
잠결에도 황소가 우는 그런 곳까지 왔습니다.

별들이 유난히도 맑은 마을입니다
낮은 처마마다 하나씩 불빛을 가진
평화로운 마을입니다.

그러나
하룻밤을 묵으며
늦도록 몸을 뒤척이며
한사코
고요히 마음을 누일 수 있는
그런 아늑한 시공時空이 그리운 길입니다.

>

사람들은 도대체 어디에서
머무는 것인지요
어깨를 뿌리치고
서로 발등을 밟고 기어오르는 넝쿨처럼
종일토록 걸음만 무성한 이 길

부디 해량하올 일은
뉘우침도 깨달음도 없는
먼 머언 길에서
사는 일이 이렇듯
겹겹의 허물만 더하는 까닭입니다.

홍매화 보러 가는 날

너의 한 송이는 경이롭다
마른 가지에서, 아니
아무도 돌보지 않는 절망 속에서 피어나는
희망이라서
너는 거룩하다

기다림으로
처절한 견딤으로
그리고 서늘한 침묵으로 피어나는 너는
응달 아래 차갑게 녹아내리는 눈보다
어쩌면 더 슬픈 눈물을 흘렸으리라

발 디딜 곳 없는 허공에서
너는 밤마다
얼어붙은 꿈 위에 돋아나는
봉긋한 슬픔을 찢으며
가엾은 꽃들을 피웠으니

가자
겨우내 서럽던 날들 보듬고

봄 맞으러 가자
힘들고 아팠던 모든 것들 내려놓고
봄 마중 가자

아지랑이 푸르고 새순도 돋아나리니
아, 그 언덕에서
우리도
한 송이의 사랑을 꽃 피워야 할 때가 아니냐.

하루를 마치는 기도

어둠 아래
조용히 무릎을 꿇는다

내 마음의 묵주 알이
네 마음의 묵주 알이
서로 꼭 부둥켜안고 기도를 한다

그냥
끈 하나로
동그랗게 꿰어서
우리 사랑하자고
함께 웃으며 살아가자고

덕분에
오늘도 감사했다고

가을보리

다들 잎 떨구고
황막한 벌판으로 드러눕는 날
너는 일어서는구나
말없이 희망을 이야기하는구나

어둠 뒤에 숨은 그림자처럼
강 아래 숨어 흐르는 물줄기처럼
땅속으로 뻗어 가는 나무뿌리처럼
그렇게 가려져 존재하는 것들이 있다고

봄의 형체를 알 수 없듯
우리가 만질 수 없다 하여
다 존재하지 않는 것은 아니다.
감추어져 살아가는 수많은 씨앗들과
보이지 않은 싹들

아직은 절망할 때가 아니다
가려진 세상의 복판을 뚫고 나오는
너, 홀로 푸른 울음을 지닌
아름다운 목숨이여.

'다순구미'*는 따뜻하다

붓고 채워도 도무지 채울 수 없는 바다에 엎드려
늘 구부러진 등이 차가웠을 것이다.

밤낮으로 옷깃을 세워야 했던 곳
깃털처럼 푸근하게 덮어 와
오종종 모여 앉은 햇살 아래서
한 사발의 멸치 국물을 함께 나누던 가난은
그래도 견딜 만하였을 것이다.

춥다는 것만큼 서러운 일이 있을까
서로를 보듬고 껴안던
형제들 떠나가고
이제는 품어 줄 사람도 없어
홀로 돌아오지 못하는 바다를 그리는
언덕 위의 집들

긴 그림자를 끌고 애타게 달려온 골목과
순하게 기울어진 담장을 흔들어 깨우며
세상, 뭐 별것 있냐고
생의 쓴맛 되돌아보면 다 달더라고

곤한 비탈을 다독이며 내려앉는
저 맑은 볕처럼
'다순구미'는 따뜻하다.

* 다순구미: 목포 유달산 남서쪽 따뜻한 햇볕이 든다는 언덕 마을.

나를 위한 독백

편히 살지
왜
힘들게 사냐고 묻는다

그것은
깜깜한 숲길에서 만난 불빛 같은 일이었으므로
눈처럼 퍼붓는 새벽 종소리 같은 일이었으므로
이미 육신의 일이 아니었으므로
미친 사랑처럼
다른 아무것들은 쓸모없는 일이었으므로

'비록'이라는 말

'비록'이라는 말만큼 비장한 것이 있을까
아니 슬픈 말이 있을까

홀로 짊어지고 걸어야 하는 말
어쩌면 평생을 떠돌지도 모르는 말
넘어져도 일으켜 줄 수 없는 말
오르기 위해 떨어지는 물줄기 같은 말

쉽고 평안한 산책을 거부하는
숱한 방황의 말들이여,
그럼에도
끝내 사랑하겠다는 그대여
비록 그것이 헛된 믿음일지라도
비록 그것이 사나운 모순일지라도

고해성사

사랑에 대하여 말해 보아라
슬픔에 기대어 사는 측은한 새들의 날개 아래
깜빡이는 촛불을 보아라

한쪽의 빵과 우유를 위하여 만들어진 식탁과
멋있는 만찬을 위하여 채워 놓은 냉장고와
나른한 하루를 위하여 마련해 놓은 안락의자가
그리고
당신의 기쁨을 위해 들여놓은
수많은 별들과 달과 뭇 바람들이
무수히 짓이겨 놓은
당신의 발등을 보아라

움켜쥐지 마라
죄다 내려놓아라
결코 아파하지 마라

빈 마음속에 덩그라니 홀로 앉아서
당신의 모든 이름들을 지워 내릴 때
서로 미워하지 마라

서로 사랑하라
말하지 않아도 된다

구부러진 길에 대한 명상

몸부림을 본다
머무를 곳 없는 사람처럼
먼지 잔뜩 뒤집어쓴 길을 홀로 떠돌며
끄덕끄덕, 그러나 쓰러지지 않기 위해
종일 팔과 다리를 흔드는
그 안간힘을 본다

땡볕에 이마를 찧기도 하고
비바람에 눈이 찔리기도 하면서
그러다가 때로는
폭설에 갇혀 다리를 잃고서도
구석구석 세상의 모퉁이를 굽이 돌며
계곡과 벼랑을 오르내리는
그칠 줄 모르는 무던한 힘을 본다.

곧게 펼 수 없는 길
구불구불
등이 휘도록 걸어야만 갈 수 있는 길
밤낮없이 걸어도 아득하기만 한
삶의 여정이란

그럼에도 끝이 있으리라는

끊임없는 긍정과 무지몽매한 믿음을 본다

영원한 청춘

누구에게나 있는 이름이었다
팔팔 끓어오르는 햇살 같았던
무작정 솟구쳐 오르는 파도 같았던
더러는 소주병 속에서도
수많은 별들이 회오리치던 청춘

그러나 그것은
어느 때 어느 길목만을 따라 콸콸 넘쳐 나는
물줄기 같은 이름이 아니다

모든 날들이 저무는 것은 이치다
그러나 노을이 목덜미를 짓누른다고 해서
뉘엿뉘엿 어둠 속으로 걸어가야 하는 것은 아니다
문득 사람이 그립다면 나서라
힘찬 방황을 막는 그대 안의 장벽을 허물어라

청춘
뜨거운 열정으로 발화하는
모든 불꽃의 이름이다
그립거든 타오르라

허망한 재가 되지 않도록 그대의 온 마음을 지펴라
가엾은 주름 속에 잠들었던 청춘이여
칠순의 백발 뒤에 가려진 갈기 같은 청춘이여

묘비명

묘비명은 왜 쓸쓸한가
생몰生歿의 덧없는 세월을 붙들고 우는
하얀 목에 채워진
갈 곳 없는 이름 때문이다
봄꽃과 범나비와 뭇 새들이 날아와
수백 번 절을 한다 하여도
결코 어루만질 수 없는 슬픔 때문이다

착하고 순정한 날들로 분주하였을지라도
사랑의 흔적이 없는 삶이란 얼마나
서늘하고 황량한 것이겠는가
나는
내 묘비명이 다만 차갑지 않기를 간절히 바라며
무덤 위에 올라앉아 이렇게 노래한다

따스했고 차가웠던 지난날들이여
손 한 번 잡아 주지 못했던 아픈 시간들이여
사랑했으나 끝까지 돌보지 못한 서러움으로
여기 죽어서 슬피 묻히지만
고마웠고 감사했고 미안했고 과분했고

그래서 마냥 죄스러웠던
묻혀서도 못내 그리울 날들을 생각하며
조용히 눈을 감는다
누군가 소리 없이 다녀가도 좋을
이 쓸쓸한 언덕에

12월의 편지

몸을 뒤척이며
하염없는 눈발 속
마른 가지로 우두커니 서는
사랑이라 업신여기지 않기 바랍니다

가슴을 후비며
가파르게 꽃잎들이 날아오르던
얼룩진 바람의 첫 마음에 기대어
오지 않는 이를 기다리던
헐벗은 그 언덕
한 발짝도 떠나지 못하는
한 그루의 어리석음이라 여겨 주십시오

창밖
가까이 내려앉기 위하여
죽을힘을 다해 퍼덕거리며
어둠 속을 비집고 바삐 달려와
깨어진 날개를 서로 껴안고 마침내
한 방울의 눈물로 스러지는
저 눈들의 찬란한 주검을 봅니다

>

얼마나 더 많은 바람에 베여야
얼마나 더 많은 눈발을 짊어져야
당신의 이름을 부를 수 있는 것인지요
사랑은 정작
그 어디쯤에 있는 것인지요

아쉬움을
덧없음을
그리고 속절없음을
죄다 끌어안고
내 안에 눈보라 치는 무지몽매한 그리움을
문득 들여다보고 싶습니다

처마 끝 불빛은 가물거리고
밤새워 눈은 내리는데
하얀 발등 위에 서늘하게 붐비는
당신은 차마 이렇듯 뜨겁고 깊습니다

진눈깨비라서 미안하다

진눈깨비라서 미안하다
함박눈이 아니라서 미안하다
뜨겁게
그리고 환하게
타오르는 눈발이 아니라서 미안하다
춥고
어두운 길목에서
조그만 창을 열고 기다리던 우리의 밤
하얀 웃음이 아니어서 미안하다
소복소복 내리는
눈송이가 아니어서 미안하다
그러나
사랑하는 이여
우리가 기다리는 그 무엇이
저리 진눈깨비로 흩날릴지라도
아, 고개 숙이지 말아야 한다
비바람에 젖으며
차가운 눈물을 끌어안고 달려와
비로소 당신 앞에 부서져 내리는 그 첫 마음을
두 팔 벌려 맞이하여야 한다

해 설

사랑과 휴머니티의 시학, 소외된 존재들에 대한 비망록

박성민(시인)

1. 들어가며

목포에서 태어나 1984년 《광주일보》 신춘문예와 1990년 《조선일보》 신춘문예 동시 부문에 당선된 조기호 시인은 동시집 『숨은그림찾기』(1997년), 『'반쪽'이라는 말』(2015년), 『뻥 뚫어주고 싶다』(2020년)를 상재했다. 전남시문학상과 목포예술상 등을 수상했으며 2016년 올해의 좋은 동시집에 『'반쪽'이라는 말』이 선정되는 등 시적 역량도 인정받고 있다. 오랫동안 교편을 잡고 시를 쓰면서 수많은 지역 인재들을 육성했으며 퇴직한 후에도 대학에서 '동시창작반' 강의를 하고 있으니 교육과 문학에 헌신하고 전념한 삶이었다고 볼 수 있다.

조기호 시인은 엄숙함, 따뜻함, 논리력을 모두 갖춘 시인이다. 공자는 『논어』에서 이 세 가지를 모두 갖춘 사람을 '삼

변三變'이라고 했다. 세 번 변하는 사람이 진정한 군자라는 것이다. 멀리서 바라보면 엄숙하고, 가까이 다가가서 보았을 때 따뜻함을 느낄 수 있으며, 말을 들어보면 정확한 논리가 있는 사람이 바로 조기호 시인이다. 시인의 시는 생의 철학, 생활인의 시라고 할 수 있다. 조기호 시인에게 있어서 삶은 바로 시를 의미한다. 그만큼 그의 힘겨운 삶은 절실한 시로 형상화되고 있으며, 그에게 있어서 산다는 것은 이 세상의 고통을 짊어지고 힘겹게 생의 사막을 걸어가야 하는 것과 같다.

시인은 언어를 표현 수단으로 하여 자신의 내면세계와 함께 외부적으로 인식된 세계를 표현하는 사람이다. "내 언어의 한계는 곧 내 세계의 한계다"라고 비트겐슈타인이 말하지 않았던가. 시인이 형상화하는 언어의 범주를 가늠해 보면 그가 바라보는 세계의 영역이 보이는데, 조기호 시인의 시를 관통하는 시어들은 그리움과 외로움, 그리고 넓은 의미에서의 사랑이다. 조 시인의 이번 시집이 그동안 발간했던 동시집이 아니라는 데에서 독자들은 그가 그동안 간직해 온 삶의 외로움이나 그리움, 사랑과 함께 가슴 밑바닥에서 솟아나는 정한이 곰삭아 있음을 감지하게 된다.

2. 절망 속에서 싹트는 희망, 사랑과 휴머니티의 시학

'사랑'의 서구적인 어원은 'Amor'인데, 사랑이란 '죽음에 대한 항거'의 의미를 지니고 있다. 말하자면 사랑이란 인간답게

살아가기 위한 치열한 몸부림과 안간힘이라고 해석할 수 있을 것이다. 대부분 사람에게 사랑은 인간이 살아 있다는 가장 확실한 증거이기도 하지만 그것이 좌절되었을 때 방황과 허무, 고뇌를 안겨 주기도 한다. 사랑의 절대성, 사랑의 영원함을 노래하는 많은 시편 중에서 조기호 시인의 시는 독자들에게 어떤 공감대를 형성할 수 있을까. 투박한 듯한 사랑으로 감동을 주는 다음 시를 읽어 보자.

완화緩和 병동
한구석에서
할머니 한 분
무식하게 사랑을 한다

할아버지 마른 똥을 긁어내며
"시원하쟈, 시원하쟈?'
웃는다

군데군데 검버섯이 박힌
나무껍질 같은 손으로
아프지 말라고
속울음 참지 말라고

그깟 슬픔 받아 내는 것
암시랑토 않다고

—「이런 사랑」 전문

인간이 감지하는 것들은 몸을 통해 이루어지며 이로 인해 자아와 타자가 연결되는데, 우리의 말도 역시 자아를 타자와 연결하는 표현 수단이다. 인간은 말을 만들지만, 그 말이 다시 그 인간을 만든다. 우리가 하는 말은 자신이 어떤 사람인가를 드러내며 우리가 선택한 어휘가 타인뿐 아니라 나 자신을 변화시킨다. 피그말리온 효과에서 알 수 있듯이 좋은 말은 긍정적인 인식으로 좋은 결과를 낳게 한다. 완화緩和 병동에서 화자가 목격한 할머니 한 분의 무식한 사랑은 독자의 마음까지 따스하게 만드는 힘이 있다. 마른 똥을 긁어내면서 "시원하쟈, 시원하쟈?"라고 웃어 주는 할머니의 모습은 무기력한 할아버지를 감싸고 보듬는 연륜의 사랑이다. 할머니는 자신도 "군데군데 검버섯이 박힌/ 나무껍질 같은 손"인데 "아프지 말라고/ 속울음 참지 말라고" 할아버지의 슬픔을 암시랑토 않게 받아 내고 있다. 이 노부부의 투박하지만 깊은 사랑은 얼마나 감동적인가. 신혼 시절에는 부끄러워 못 했을 말과 행동을 할머니는 인생의 황혼에 이르러 하고 있는 것이다.

위 작품이 말이라는 소통 매체를 울림의 시학으로 완성하고 있다면, 다음 작품은 말이라는 추상적 실체를 구체적으로 형상화하여 의미화하는 데에 성공하고 있다.

—괜찮니?
어느 겨울 아침

밥상 위에 막 올라온 청국장을 엎질렀을 때

엄마는 부리나케 달려와 그렇게 물었었다.
뜨거운 국물이 바지를 뚫고 허벅지로 파고들었지만
그 순간 나는 괜찮았다
정말 하나도 안 뜨거웠다
엄마가 그렇게 묻지 않았더라면
나는 무척 아팠을지도 모른다.

아,
그 눈물 나는 말
나도 누군가에게 전해 주고 싶다.

하루해를 등에 지고
유리 조각 같은 시간들을 마구 밟으며
조랑말처럼 끄덕끄덕 골목을 싸돌았을
착한 말굽들에게

힘들고
수치스럽고
서럽고
그리고
자꾸만 덧나
좀체 아물지 않는
세상의 모든 상처들에게

괜찮냐고

오늘도 무척 아팠을 것이라고
부디 아프지 말라고
엄마처럼 그렇게

—「따뜻한 물음」 전문

인간은 어머니의 배 속에서 나올 때부터 혼자다. 그래서 쓸쓸하고 외롭다. '나'라는 존재는 왜소하고 외부 세계는 거대하기에 인간은 필연적으로 상처를 입는다. 극히 사무적인 관계에 있는 직장의 상사 앞에서, 불편한 선배 앞에서 실수했을 때 호된 질책을 받는 경우를 떠올려 보자. 시인은 "힘들고/ 수치스럽고/ 서럽고/ 그리고/ 자꾸만 덧나/ 좀체 아물지 않는/ 세상의 모든 상처들"을 보며 어린 시절 어머니의 따뜻한 물음을 떠올린다. "밥상 위에 막 올라온 청국장을 엎질렀을 때" 엄마는 꾸지람 대신 부리나케 달려와 "괜찮니?"라고 아들을 걱정하면서 물었다. 이 말에 어린 화자는 아픈 줄도 몰랐다고 고백한다.

교수이며 영문학자이자 수필가, 번역가로 활동했던 장영희 작가(1952~2009)는 태어난 지 1년 만에 소아마비를 앓아 두 다리를 쓰지 못하고 평생 목발에 의지해서 살아야 했다. 그런데 초등학교 1학년 어느 날 골목길을 지나가던 깨엿 장수가 그녀의 목발을 힐끗 보고는 "괜찮아"라는 말과 함께 아주 잠깐 미소를 지어 보이며 깨엿 두 개를 내밀었다고 한다. 돈 없이 공짜로 깨엿을 받아도 괜찮다는 건지, 목발을 짚고 살아도 괜찮다는 건지 무엇이 괜찮다는 것인지 몰랐지만, 이 한

마디는 어린 그녀의 인생관을 바꾸어 놓았고 그 후 이 세상을 살아가는 힘이 되었다. 완벽한 존재는 신뿐이며 인간은 누구나 실수하고 잘못을 하는, 불완전한 존재다. 그럴 때마다 따스한 미소로 '괜찮니?', '괜찮아. 그럴 수도 있지', '참 잘했다'라고 말해 준다면 세상은 얼마나 따스해질까.

아메리칸 인디언들은 주변의 돌과 흙, 물 등 자연물에도 다정하게 말을 건다. 사람뿐 아니라 우리 삶에서 마주하는 모든 존재에게 다정하고 정겹게 인사하고 말을 건넨다면 세상은 참으로 아름다워질 것이다. 이 고단한 삶의 사막을 건너가면서 "괜찮냐고/ 오늘도 무척 아팠을 것이라고/ 부디 아프지 말라고" 어린 시절 엄마처럼 걱정해 주는 공감과 연민의 말이 오아시스처럼 기다려지는지도 모른다.

그러나
홀로 흔들리며
당신 뒤에 숨어서 쓸쓸히 살아온 벽
사랑이란
하나씩 가슴에 못을 박는 일이라는

벽은 오늘도
당신의 하늘을 향하여
자꾸만 구부러지는 허리를 뒤로 팽팽하게 잡아당기며
머리에서 발끝까지 촘촘히 박힌
못들을 보듬을 것이다

끝내 등을 보이지 않는 벽
한사코 껴안고 살라 하는 벽

여태껏
녹슨 못 자국 하나 가져 보지 못하였다면
눈물 젖은 무릎 한 켤레 가져 보지 못하였다면
벽에 대하여
어리석음에 대하여
함부로 말하지 말아야 할 일이다.

―「벽을 말하다」 부분

'벽'은 일반적으로 안과 밖, 세상과의 단절을 의미한다. 벽은 자신의 앞에 있는 대상을 거울처럼 비춰 주고 싶지만, "당신 뒤에 숨어서 쓸쓸히 살아"가는 존재, 그래서 자신의 가슴에 못을 박고 살아가는 존재다. 한평생 가슴에 못을 박고 살아가는 사랑도 있다고 화자는 말한다. 가슴에 한번 박힌 못, 그 상처는 잘못 친 망치질에 구부러지기도 하고 장도리에 빠지기도 한다. 그러나 스스로는 녹슬 때까지 박힌 곳에서 자리를 옮기지 않는다. 온몸의 고통과 긴장으로 못 박힌 곳의 상처를 감당하는 것이 벽이다. 세상을 살아간다는 것은 자신의 가슴에 박힌 못을 견뎌 내는 일이며, 서로의 가슴에 못을 박는 건지 모른다.

그래서 벽은 우리 인간에게 박힌 못들을 보듬으면서 "한사코 껴안고 살라"고 말한다. "녹슨 못 자국 하나" 가져 보지 못

한 사람, "눈물 젖은 무릎 한 켤레" 가져 보지 못한 사람에게 벽의 겉모습만 보고 함부로 말하지 말아야 한다고 화자는 역설한다. 깊은 사유를 통해 존재를 응시하는 이 작품은 독자의 마음을 따뜻하게 해 준다. 그리고 오늘 나는 누군가의 가슴에 못을 박은 일이 없는가를 생각하게 한다.

시인에게 상상력은 자신의 오감에 포착된 세계의 모습을 형상화하는 사유의 힘이다. 다른 동물들과는 달리 인간만이 현실 너머에 감춰진 세계를 상상하고 몽상 속에 잠길 수 있다. 좋은 시는 이렇게 실체와 가려진 그 너머, 과거와 현재를 자신의 상상력을 통해 형상화한다. 이러한 의미에서 조기호 시인은 사물과 교융하면서 느끼는 심리 상태인 응감應感을 체득하고 있다고 볼 수 있겠다. 시인은 "빼빼하게 마른 나무의 등가죽을 적시며/ 끊임없이 살을 에었을/ 비의 문신들"을 투시하며 "한 생生을 채워야 하는 사랑이란/ 도대체 얼마나 많은/ 천둥 번개를 맞아야"(「나무껍질」)하는 것인지를 묻기도 한다.

"조용히/ 마루에 걸터앉아/ 쪽문 열리는 소리를 듣는 것// 그 문/ 삐그덕,/ 열고 들어오는/ 꽃 같은 당신을 보는 것"(「예쁜 꿈」)과 같은 시는 소박한 사랑에 대한 통찰이 담겨 있다. 시적 대상이 확대되고 화자는 최대한 소멸됨으로써 자연스럽게 시적 대상과 화자가 일체화되는 감각적 체험을 독자에게 부여한다. 쪽문 열리는 소리를 듣는 것은 화자 자신이며 궁극적으로는 독자의 기억 속에 새겨지는 '당신'에 대한 기억이 되기 때문이다. "외투가/ 한 개비의 성냥보다 못할 때// 장

작은/ 가난한 꿈의 관절을 꺾고 쪼개어/ 한 줌의 불꽃으로/ 한 줌의 잿더미로/ 서러운 이 홑겹의 땅을/ 따뜻이 감싸 안거니"(「장작불을 지피다」)와 같은 시, "발 디딜 곳 없는 허공에서/ 너는 밤마다/ 얼어붙은 꿈 위에 돋아나는/ 봉긋한 슬픔을 찢으며/ 가엾은 꽃들을 피웠으니"(「홍매화 보러 가는 날」)와 같은 시는 조기호 시인이 사랑과 휴머니티의 시학으로 절망 속에서도 싹트는 희망을 응시하는 시인임을 극명하게 보여 주는 시편이라 할 것이다.

3. 존재의 소멸과 재생의 시학

인간의 죽음에는 삶을 되돌아보게 하는 힘, 니체가 말했듯이 "삶을 완성하는 힘"이 있다. 인간이 산다는 것은 나날이 늙어 가는 것이고 늙는다는 것은 인간 존재의 소멸, 즉 죽음에 다가서는 여정이다. 산다는 인식 속에는 죽는다는 의식 또한 포함되어 있으므로 삶과 죽음은 필요충분조건에 놓여 있다. 인간의 현존을 "죽음을 향한 존재"라고 규정했던 하이데거나 "나의 죽음은 나보다 나중에 죽을 사람들에게 의미가 있을 뿐, 따라서 나의 죽음은 나의 것이 아니라 타자들의 것"이라고 했던 사르트르나 모두 삶과 죽음에 대해 사색하며 이해하려 했던 철학자들이다.

우리나라에서는 여러 종교가 공존하는 특성상 여러 종류의 이승과 저승이 존재한다고 인식되지만, 육체적인 죽음이

영혼의 소멸로 이어지지는 않는다는 관념은 어느 종교에서나 대동소이하다. 이승과 저승이 멀리 있는 것이 아니라 이쪽 언덕과 저편 언덕, 삶의 바로 곁에 죽음이 있다는 인식은 우리 시문학에도 자주 나타난다. 조기호 시인의 시에 나타난 삶과 죽음, 존재의 소멸과 재생이라는 시학이 어떻게 형상화되고 있는지를 살펴보도록 하겠다.

불 속에서도 죽지 않는 것이 있다
죽어서도 살아나는 것이 있다

늦은 밤
싸늘해진
한 접시의 사랑과
해맑은 술과 눈물과 외로운 젓가락을 위하여
꿈틀거리며 일어나는
저 포장마차의 숯불을 보며 생각한다

끝이 아닌
마지막이란 무엇이며
마지막이 아닌 불꽃으로 다시 살아나기 위하여
나는
어떻게 내 몸을 태워야 하는지를

—「숯을 위한 노래」 전문

'숯'은 나무의 죽음이다. 나무가 완전히 무기질이 되어 재

가 되기 전에 불을 꺼서 탄소만 남아 있는 상태이기 때문이다. 따라서 숯은 재점화하면 불에 타지만, 재는 다시 탈 수 없다. 숯은 까맣게 타서 탄소만 남은 상태이므로 죽은 나무지만, "마지막이 아닌 불꽃으로 다시 살아나기 위하여" 제 몸을 태우는 존재이므로 "불 속에서도 죽지 않는" 정신과도 같으며 "죽어서도 살아나는" 재생의 표상이다. 화자는 늦은 밤에 포장마차에서 "한 접시의 사랑과/ 해맑은 술과 눈물과 외로운 젓가락"을 위해서 꿈틀거리며 타오르는 숯불을 바라본다. 화자는 숯불을 보며 "어떻게 내 몸을 태워야 하는지"에 대해 사유한다. 검게 타 버린 '숯'은 존재의 소멸, 즉 죽음이지만, 자신의 몸에 다시 불을 붙여 타오르는 '숯불'은 인간과 사물을 소생시키는 재생을 의미한다.

이러한 존재의 소멸과 재생의 시학은 "끝내/ 아무런 말 한마디 남기지 않은/ 노부부의 부음訃音 같은/ 외롭게 버려지지 않기 위해/ 손을 꼭 잡고 함께 피웠을/ 마지막 그 연탄불 같은"(「아픈 말」)에서도 절실한 삶의 양태로 형상화된다. 다음 시에서도 막다른 곳에 도달한 삶에 대한 인식이 드러난다.

> 도무지 맞설 수 없어서
> 도망하고 피해 달아난 곳,
> 그래서 무참하게 꺾인 몸
> 더 이상 물러설 곳 없는 막다른 곳을 '끝'이라 하지만
> 북항은 아니다.

삶에 속거나
곤궁한 일상의 처마 끝에서 굴러떨어진
절망과 좌절이 무리를 지어
붉은 눈물을 훔치며 주저앉은 곳
달려온 시간들을 부끄러워 마라
등 떠밀던 바람도 탓하지 마라
살아온 죄
누구의 잘못도 아니거니
풀벌레처럼 차가운 어둠 속에 엎드려
밤마다 힘없이 떨며 울었을
상심傷心의 끄트머리

흔들리는 물결 위에 불을 지피는
저 뜨거운 북항의 노을처럼
일어나 몸부림으로 다시 타올라야 한다
길은 언제나 그 끄트머리에
당신을 위한 또 하나의 길을 숨겨 놓는다는 사실을
잊지 말아야 한다

—「끄·트·머·리」 전문

힘겨운 세상의 막바지에 선 사람들의 이야기다. "도무지 맞설 수 없어서/ 도망하고 피해 달아난 곳"에 서면 "무참하게 꺾인" 꿈을 떠올리며 삶의 막바지, 그 '끄 · 트 · 머 · 리'에 서 있다는 생각을 하게 된다. 그러나 희망이 없어 보이는 항구의 끝, 북항에서만큼은 그래서는 안 된다고 시인은 나지막하게

이야기한다. “절망과 좌절이 무리를 지어/ 붉은 눈물을 훔치며 주저앉은 곳”, “상심傷心의 끄트머리”가 북항일지라도 “흔들리는 물결 위에 불을 지피는/ 저 뜨거운 북항의 노을처럼/ 일어나 몸부림으로 다시 타올라야 한다”고 인식의 전환을 보여 준다. 삶의 끄트머리에서도 희망을 보기 위해 노력해야 한다는 역설적 인식을 통해 삶에 대한 깨달음을 드러내고 있다.

‘북항의 노을’은 하루의 막바지, 어둠이 내리기 전에 홀로 불을 지핀다는 점에서 소외와 고독, 그리고 자아 성찰을 상징하는데, 화자는 북항의 노을을 하강적 이미지로 인식하지 않고 희망을 암시하는 상승적 이미지로 인식한다. 삶의 끄트머리에 서 있다고 생각하는 사람들을 위해서 삶은 “또 하나의 길을 숨겨 놓는다”라는 결말로 노을의 환한 불빛 같은 희망을 던져 주고 있다.

삶이란 매 순간을 죽어 가며
그저 차가운 여정旅程에 뼈를 묻는 일이라는
매정하고 서러운 생각의 발길을 따라
어느 틈에 낙타가 되어 버린 사람
다시는
취하지도 흔들리지도 않겠노라고
굽이굽이 쏟아지는 능선을 따라 걸으며
밤마다 달빛에 부리를 박고
모래처럼 흩날리는 한 줌의 사랑을 보았었지.

—「낙타가 되어 버린 사람」 부분

무거운 등짐을 지고 터벅터벅 걷고 또 걸어 목적지를 향해 가는 낙타는 인간의 고단한 삶을 닮았다. 날카로운 이빨과 발톱도 없고 뿔도 없으며 빨리 도망치지도 못하는 낙타가 아프리카 초원에서 살았다면 멸종했을 것이다. 다른 동물들이 쉽게 서식하지 못하는 사막이라는 고행의 땅에 적응하면서 "굽이굽이 쏟아지는 능선을 따라" 걸어가는 낙타의 삶은 사막 위에서 빛난다. "모래처럼 흩날리는 한 줌의 사랑"으로 자신의 삶을 받아들이는 고독한 낙타는 시인 자신의 표상이다. 이런 측면에서 조기호 시인은 금욕주의자처럼 보인다. 이때 금욕禁慾이란, 모든 욕망의 불길이 꺼진 상태가 아니라 꺼져 가는 불길 속에서 오직 순수만이 타고 있는 상태를 말한다. 그것이 바로 캄캄한 밤에 사막을 건너는 낙타와 같이 경건한 시간이며 "삶이란 매 순간을 죽어 가"는 것임을 느끼면서 밤마다 달빛이 자신의 내면을 향해 비추는 성찰의 시간일 터이다. 크리슈나무르티의 말처럼 "고독은 모든 영향으로부터 자유롭다는 의미에서 분리적이지 않고 어느 누구에게도 적대적이지 않는 것"이다.

이 시집 속에서는 고독의 이미지를 많이 읽게 된다. 지독한 쓸쓸함과 공허는 그의 삶에는 불행이 될 것이고 그의 시에게는 행복이 될 것이다. 삶의 지옥이 시의 천국이기 때문이다. "가려진 세상의 복판을 뚫고 나오는/ 너, 홀로 푸른 울음을 지닌/ 아름다운 목숨"(「가을보리」)으로 그가 좋은 시를 많이 쓸 수 있도록, 죽지 않고 딱 살아갈 만큼만 철저하게 고독하고 쓰라리게 공허해졌으면 하는 것이 그의 시를 읽은 독자로

서의 솔직한 심정이다.

4. 사라져 가는 것들에 대한 그리움의 시학

현대 물질문명은 하루가 다르게 급변하고 있다. 현대사회는 인간을 어디로 끌고 가는 것일까? 생각하거나 음미할 틈조차 주지 않을 정도로 빠른 음악과 랩, 도저히 여백의 미라고는 찾아볼 길이 없는 대중음악과 대중문화는 현대인을 어떤 혼돈의 나락으로 이끄는 것일까? 과거의 전통에서 오늘의 문제를 해결할 수 있는 지혜를 빌려 와야 하지 않을까. 그래서 조기호 시인은 사라져 가는 것들에 대해 안타까움과 그리움의 눈빛을 보낸다.

첨단 과학의 시대일수록 우리가 떠나온 자연과 고향은 인간 삶의 본향으로서 중요한 의미를 지닌다. 이러한 점에서 조기호 시인의 시는 토속적 언어의 질감을 최대한 살리면서 전통적인 자연관, 생명 의식을 표출하고 있다. 일상의 장소였지만 사라져 가는 고향 집과 그것을 둘러싼 풍경들, 그 소리와 느낌 등을 되살려 보고자 한다. 마음의 안식처이자 안락을 주던 고향 공간, 그곳에서 나눴던 정과 사랑의 기억들마저 점점 사라져 가는 것을 안타까워하며 그 정경들을 시로 복원하는 다음 시편을 살펴보자.

어머니는 숙주宿主였다.

낡은 부라더미싱을 붙잡고
밤마다 마른 관절 마디마디를 꿰매시던 어머니는
종무소식인 아버지를 끝내 찾지는 않았지만
헝클어진 실타래를 이빨로 잘근잘근 풀어낼 때면
가는 봄 오는 봄의 그 구슬픈 언덕배기에
'징한 놈''무지한 놈'을 냅다 패대기치곤 했었다.

밥상머리마다 올려지는 장아찌와 멸치 대가리와
한 사발의 보리 누룽지를 마시며
나는 무럭무럭 자랐지만
어머니는 고질을 앓으셨다.

두통이 심한 날이면
바느질을 할 수 없는 어머니는 빈털터리가 되었고
나는 가게를 들를 수 없어서 불쌍했었다.
아니, 노릇노릇 냄새를 피우는 국화빵이 유난히 컸었으므로
나는 어머니가 원망스러웠다.
눈앞이 흐려도, 제아무리 실꾸리가 엉켜도
어머니는 종일 미싱을 돌려야 했기 때문이었다.

나는 곧장 학교 앞 약방으로 뛰어가
토끼표 APC 알약을 사다 어머니 앞에 내밀었고
어머니는 그때마다 하늘을 보며 약을 털어 넣으셨다
마침내 헝겊으로 머리를 질끈 동여맨 미싱이
드르르 돌아갈 무렵이면 슬며시 가게 문이 열리고

뜨뜻하게 국화빵이 구워져 나와 나는 마냥 즐거웠고
그럴 때면 바늘에 손을 찔리며 눈살 찌푸리던 어머니는
미싱 바퀴에 기름칠하면서 넌지시 웃기도 했었다.

헤일 수 없이 수많은 밤을 노래하던 동백 아가씨는
아니 국화빵 속에 노곤한 어깨를 파묻고 고꾸라져 잠들던
어머니는
숙주宿主였다.
찬바람 쌩쌩 부는 한겨울에도
날마다 한 봉지의 꽃을 피워내야 하는
가난한 세월의 모퉁이
어느 철없는 조무래기 국화빵의.

—「어머니의 국화빵」 전문

'숙주宿主'로 은유된 어머니는 "낡은 부라더미싱을 붙잡고/ 밤마다 마른 관절 마디마디를 꿰매시던" 모습으로 기억된다. 종무소식인 아버지로 인해 평생 자식들을 품고 길러야 했기에 "눈앞이 흐려도, 제아무리 실꾸리가 엉켜도/ 어머니는 종일 미싱을 돌려야 했"다. "밥상머리마다 올려지는 장아찌와 멸치 대가리"는 어머니의 고혈을 짜낸 양식이었지만, 철없던 어린 화자는 어머니를 원망해 보기도 한다. 자신이 숙주인 어머니에 기생하여 살아온 줄도 모르고…….

이 시의 어머니는 개체적 존재로서의 어머니가 아니다. 질곡의 현대사를 살아오면서 자식들을 위해 희생한 이 땅의 모든 어머니다. "바늘에 손을 찔리며 눈살 찌푸리"면서도 따뜻

한 국화빵을 보며 즐거워하는 어린 화자를 보며 "미싱 바퀴에 기름칠하면서 넌지시 웃"어 주는 어머니, 그것은 바로 "가난한 세월의 모퉁이"에서 살아온 이 땅의 모든 어머니와 할머니, 그들의 삶이었다. 기존의 많은 시에서 어머니는 생명력, 고향 등을 상징하고, 누이와 연인 등 아니마anima라는 근원적 여성의 이미지로 그려져 왔다. 이 시에서도 어머니는 동일한 의미망을 지닌 시어다. 화자와 어머니의 교감은 "동백아가씨"를 통해 드러나며, 이는 세상 모든 어머니에 대한 경의와 사랑으로 확대된다.

무덤을 열고
흙을 파헤치니
관 속에 입 꾹 다물고 누워 계신 어머니
무슨 일이냐
깜짝 놀라 눈을 크게 부릅뜨신다.

살아서도 평생을 홀로 지냈다는 어머니는
풍광 좋은 산수만을 떠돌아다니던 아버지를
한사코 받아 주지 않겠다고 했었고
그렇게
원망과 한
끝내 거두지 못한 유언 또한
뼈로 남을지라도 절대로 함께 눕지 않겠다는 것이었다.

그런 어머니,

완강하게 버티고 누운
두골과 사지의 뼈를 거두어
비닐처럼 썩지 못하고 너덜거리는 가슴애피를
깨끗이 하늘로 태워 보내고
한 줌 가벼운 재로 남겨진 유골을
조심조심 아버지 곁으로 모셔 오자
민망한 듯 아버지는 넌지시 미소를 짓고
어머니는 낯을 붉히며 등을 돌리고 눕는다.

아,
산산조각이 되어서야
하얗게 가루가 되어서야
비로소 쓸쓸했던 한 생애를 품어 주는
한이란
어쩌면 저렇게 쑥스러운 것일지도 모르는 일이었다.

—「합장合葬하는 날」 전문

아리스토텔레스가 생각한 4원소는 물, 불, 공기, 흙이다. 흙으로 만든 '무덤', 아버지와 어머니의 '합장合葬'은 따뜻함, 축축함 등으로 혼융되고 일체화된 인간관계로서의 몸을 의미한다. 무덤은 둥근 이미지인데, 둥글다는 것은 완벽함의 상징성을 지니고 있다. 동그라미는 그리면 출발점으로 되돌아와서 멈추게 되는 자기 완결적인 형태로서, 이는 영원성을 상징한다. "풍광 좋은 산수만을 떠돌아다니던 아버지"에 대한 원망과 한 때문에 평생을 홀로 지낸 어머니는 아버지를

"한사코 받아 주지 않겠다"고 했지만, "두골과 사지의 뼈를 거두"고 "가슴애피를/ 깨끗이 하늘로 태워 보내"자 "어머니는 낯을 붉히며 등을 돌리고 눕"고 있다. 두 분이 합장된 둥근 무덤은 "하얗게 가루가 되어서야" 모든 한이 해소되어 서로의 생애를 품어 주는 만남의 공간이다. 이런 맥락에서 조기호 시인이 추구하는 시학은 화합과 소통을 방해하는 원망이나 한과 같은 것들을 소멸함으로써 타자와 융화되고 화합하는 관계론적인 것이다.

붓고 채워도 도무지 채울 수 없는 바다에 엎드려
늘 구부러진 등이 차가웠을 것이다.

밤낮으로 옷깃을 세워야 했던 곳
깃털처럼 푸근하게 덮어 와
오종종 모여 앉은 햇살 아래서
한 사발의 멸치 국물을 함께 나누던 가난은
그래도 견딜 만하였을 것이다.

춥다는 것만큼 서러운 일이 있을까
서로를 보듬고 껴안던
형제들 떠나가고
이제는 품어 줄 사람도 없어
홀로 돌아오지 못하는 바다를 그리는
언덕 위의 집들

긴 그림자를 끌고 애타게 달려온 골목과
순하게 기울어진 담장을 흔들어 깨우며
세상, 뭐 별것 있냐고
생의 쓴맛 되돌아보면 다 달더라고
곤한 비탈을 다독이며 내려앉는
저 맑은 볕처럼
'다순구미'는 따뜻하다.

—「'다순구미'는 따뜻하다」 전문

'다순구미'는 목포 온금동溫錦洞의 순우리말 이름인데, 햇살이 가득하여 따스한 곳이라는 의미로 '다순(따순)구미', 혹은 '다순금'이라고 불렸다. 주로 고기잡이하던 사람들이 살던 달동네였던 이곳은 "도무지 채울 수 없는 바다"가 보이는 공간이며 이름과 다르게 사실은 추웠던 기억으로 존재한다. 추위는 가난한 사람들에게 더 느껴지곤 한다. "늘 구부러진 등"으로 추위에 떨며 "서로를 보듬고 껴안던" 기억, 그래도 '다순구미'는 "오종종 모여 앉은 햇살 아래서/ 한 사발의 멸치 국물을 함께 나누던" 온정이 있었던 공간이다. 그러나 이제는 품어 줄 기억마저 없어서 "홀로 돌아오지 못하는 바다를 그리는/ 언덕 위의 집들"만 남아 있다.

'다순구미'는 가난과 추위가 먼저 떠오르는 공간이지만 "곤한 비탈을 다독이며 내려앉는/ 저 맑은 볕처럼" 어른이 된 화자의 기억 속에서 따뜻한 곳으로 변환된다. 시인이 어린 시절 가난하고 추웠던 기억을 은폐하고 '다순구미'를 따스한 공간

으로 인식하는 까닭은 도시에서의 삶이 힘겹고 각박하기 때문이다. 시인의 유년 시절 다순구미 사람들의 삶이 많은 달동네 사람들의 삶과 달리 낭만적일 리가 없지만, 실제가 아닌 환상에서나마 다순구미를 이상적 공간으로 재구성하려는 무의식적 행동이라고 볼 수 있다. 이는 프로이트가 말한 '은폐기억隱蔽記憶'으로 볼 수 있다. 그에 의하면 인간은 불안을 해소하려고 현실에서 어떤 상징적 질서를 찾으려 무의식적으로 노력한다. 그런데 이런 노력이 실패했을 때 인간은 '행복했던 과거'를 먼저 떠올린다는 것이다. 흥미로운 것은 이 같은 무의식이 플라시보 효과를 나타낸다는 점이다. 어린 시절 기억을 소급해서 재구성하는 동안 조기호 시인의 유년기는 아름다운 색채로 그려진다.

이런 의미에서 유년의 기억을 더듬는 화자의 행위는 현대성에 의해 소멸되어 가는 전통에 대한 안타까움과 연민으로 읽힌다. 조기호 시인이 지향하는 과거 회귀는 유년기 고향 공간에 대한 그리움의 표상임과 동시에 그러한 것들이 사라져버린 현재 상황에 대한 결핍된 욕망을 드러내는 것이다. 유년에 경험한 공간에 대한 기억은 무의식에 저장되어 성인이 된 후에도 그리운 공간으로 떠오른다. 따라서 조기호 시인이 가장 애착을 갖는 장소, 즉 '장소애'라고 불리는 토포필리아topophilia는 '다순구미'가 될 것이다.

5. 자아 성찰과 존재론적 은유

언제부턴가 세상은 더욱 많이 가진 자들의 몫이 된 듯하다. 그래서인지 경제적 약자인 서민들은 중심부에서 점점 밀려나 삶의 벼랑 끝에 서게 된다. 벼랑 끝은 소시민들의 본적지이며 거처다. 가진 자들이 끝없이 확대 재생산해 내는 욕망에 의해 못 가진 자들의 삶은 날로 피폐해지고 상처 입으며 비틀거린다. 이러한 현대사회에서는 물질이 충만할수록 정신은 텅 비어간다. 텅 빈 세상에서 시가 할 수 있는 일은 무엇일까. 우리는 이렇게 쓸쓸한 바람만이 가슴을 관통하는, 텅 빈 세상에서 살아가고 있다. 그래서 외면적으로 충만한 것처럼 보이는 자본주의 시대일수록 자아를 성찰하며 실존의 의미를 찾아가는 것은 소중한 가치라고 볼 수 있다.

조기호 시인의 시는 사랑과 생명의 시학이 그 행간마다 자리하고 있다. 그의 시는 존재에 대한 탐구와 사색으로부터 출발한다. 사물과 인간에 대한 근원적인 존재의 모습을 성찰하는 데서 그의 시가 시작되는 것이다. 특히 그의 시는 인간이나 자연에 대한 사색을 통해 그 존재 의미를 드러내고자 한다. 이러한 그의 성향은 다음 작품에 잘 드러나 있다.

돌
차갑다 한다

그러므로

무심히
밟고 지나간 사람들은 알지 못한다

잠시
엉덩이를 걸치고
콧노래라도 불러 주면
당신이 앉았다 간 시간만큼
돌도
금방 따스해진다는 것을

—「돌」 전문

‘돌’은 존재나 응집을 상징한다. 이 시에서도 돌은 인간과 감정을 서로 나누는, 생명력 있는 존재다. 돌을 단순한 무생물로 보는 이들은 돌의 차가운 속성만을 생각하지만 “당신이 앉았다 간 시간만큼/ 돌도/ 금방 따스해진다는 것을” 시인은 알고 있다. 돌밭을 걷다가 문득 돌을 집어 보고 돌 하나에도 자연이 부여한 생명력이 있음을 인식하는 화자에게 돌은 자아 성찰의 대상이기도 하다. 이 작품의 존재론적(ontological) 은유는 추상적인 생각을 ‘돌’이라는 구체적인 물체를 통해 이해하고 개념화하는 방식으로 드러난다. “신체화된 마음은 살아 있는 몸 일부이며 그 존재는 몸에 달려 있다”라고 레이코프 · 존슨이 『몸의 철학』에서 말했듯이 화자는 생생한 지각의 장소인 몸을 통해서 돌의 안과 밖, 즉 자아와 세계를 연결한다. 단절되고 폐쇄된 자아가 아니라 타자와 상호 연대를 통

해 통합된 존재로 기능하는 자연물, '돌'의 미학을 보여 주는 것이다.

빛의 후광은 어둠이다
그러나 어둠의 후광이 빛이 되기도 한다

별을 위하여 밤이 있는 것은 아니지만
밤을 위하여 별이 있는 것도 아니지만
그럼에도
밤이 없으면 별 또한 없는 것이다
별이 없으면 밤 또한 없는 것이다

끊임없이 서로의 안부를 물으며
끊임없이 서로를 떠나지 못하는
빛과 어둠의 거리에서

—「빛이거나 어둠이거나」 부분

별이 빛나는 것은 어둠이 있기 때문이다. 대낮의 밝음 속에는 아무도 별의 존재를 인식하지 못하며 인지할 필요조차도 없다. 그래서 "빛의 후광은 어둠이다"라고 진술하면서 "어둠의 후광이 빛이 되기도 한다"고 전복적 상상을 한다. 빛과 어둠은 상반되지만, 서로에게 필요한 존재다. 죽음이 없다면 삶은 그 의미가 없으며, 악마가 없다면 천사도 그 존재가치를 상실하는 것과 마찬가지로. 전상국의 『우상의 눈물』이라는 소설에서 '천사는 자신이 돋보이기 위해 악마가 존재

해야 한다'고 생각하는 구절이 나온다. 이 시 속에서의 "밤이 없으면 별 또한 없는 것이다/ 별이 없으면 밤 또한 없는 것이다"라는 인식은 이와 같은 맥락이다. 우리가 살아가는 세계는 빛과 어둠이 "끊임없이 서로의 안부를 물으며/ 끊임없이 서로를 떠나지 못하는" 세상이 아니던가.

몸을 던져야
비로소 생겨나는
물무늬 같은 시를 쓰고 싶었다

깊고 푸르러
발 디딜 수 없는 두려움으로
숯불처럼 바람을 머리에 이고
온몸 뜨겁게 데며
물 위를 배회하는
그리움의 시

가슴까지 젖는 어둑길을 따라 걸으며
땅 위의 모든 연민과 집착을 끊고 자르는
물풀 같은
순하고 착한 외로움으로
차마 돌려주지 못한 나머지의 죄송한 인연으로
목에 맷돌을 매달고
홀로 우는 시를 쓰고 싶었다

—「강가에서 쓰는 시」 부분

「강가에서 쓰는 시」는 시인의 시론이다. 조기호 시인은 "몸을 던져야/ 비로소 생겨나는/ 물무늬 같은 시"를 쓰고 싶다. "숯불처럼 바람을 머리에 이고/ 온몸 뜨겁게 데며/ 물 위를 배회하는"에서는 불(숯불)과 물의 이미지가 결합하고 있다. 숯불을 머리에 이고 온몸을 데면서도 시를 써야 하는 화자가 시인으로서의 길을 벗어날 방법은 없을까? 없다. 고려 때 이규보가 「시벽詩癖」에서 괴롭게 읊조렸듯이 진정한 시인이란 시마詩魔가 붙어서 잠시도 놓아주지 않는 존재이기 때문이다. 물질 만능 주의 시대에서 시가 아무것도 할 수 없는 것임을 알면서도 "목에 맷돌을 매달고/ 홀로 우는 시"를 써야 하는 시인, 그 존재의 슬픔이 형상화된 작품이다.

"빈 둥지 같은 시를/ 낙엽처럼 구석으로 뒹굴어 가는 시를/ 아니, 폭설에 갇혀 울부짖는 짐승 같은 시를"(「나의 시」)에서도 절실한 시인의 시정신이 생생하게 그려진다. 그런가 하면 "이름 없이/ 봉분封墳에 묻힌/ 깨어진 토기의 빗살무늬를 닮은/ 목마른 뿌리의 생채기 같은/ 세월을 본다"(「거울 앞에서」)에서는 세계를 반영하거나 자신을 비추는 '거울'이 화자의 의식을 일깨우며 존재론적인 비애를 인식하게 한다. "오랜 눈물로/ 서럽게 채운 저마다의 속살을/ 더러는 내어도 주는 일이다"(「오이를 깎으며」)에서 처럼 조기호 시인은 삶의 편린들, 상처 입은 영혼들, 소외된 주변을 고요히 끌어안고 어루만지면서 우리에게 비상구 없는 삶의 통로를 어떻게 찾아가는지를 생각하게 한다. 그의 시편을 읽다 보면 시인이란 우리 세계의 소외된 풍경을 그려 내고 끝없이 자아 성찰하면서 그 슬픔

과 외로움을 기록하는 존재임을 깨닫게 된다.

6. 나가며

조기호 시인의 시 세계는 자신을 둘러싼 세계와의 불화를 통해 현실의 부조리를 직시하고 그를 비판하거나 경고하는 경향을 취하기보다는 세계를 긍정하고 포용하면서 조화를 이루려는 방향을 선택하고 있다. 질서와 규칙을 깨뜨리면서 오브제에 해학적으로 접근하거나 신랄하게 풍자하는 시편들이 눈에 띄지 않는 것은 시인의 성향이나 체질이 전자보다는 후자 쪽에 가깝기 때문으로 여겨진다. 이는 한편으로는 자신이 태어나고 자란 고향의 풍광, 사랑과 고독, 그리움이라는 인간 본연의 정서를 세밀하게 그려 내려는 이번 시집의 의도라고 생각되기도 한다.

조기호 시인은 섬세한 심안心眼으로 삶의 이면에 감추어진 의미들을 들춰내 보인다. 삶이 흥겹고 아름답기만 한 것이 아님을 시인은 잘 알고 있다. 역설적으로 들릴지 모르겠지만, 이런 측면에서 조기호 시인은 비관적인 낙천주의자라고 할 수 있겠다. 그의 시는 우리 시대에 힘겨운 삶을 견디며 살아가는 소외된 존재들, 사라져 가는 존재들에게 따뜻한 연민의 시선을 보낸다. 그 존재는 때로 시인 자신이 되기도 하며 '숯', '낙타', '돌'과 같은 은유적 등가물이 되기도 하고 '다순구미'에서의 그리운 유년기가 되기도 한다. 그의 시에서 읽히

는, 순박해 보이는 무지개는 목포라는 빛과 어둠의 스펙트럼이 만들어 내는 웃음과 눈물의 다른 이름이다.

아널드(M. Anold)는 시의 진실을 삶의 태도에서 비롯된 정신의 깊이와 미적 감동의 세계라는 두 가지 측면으로 보았다. 사물이 이미 그 자리에 있었더라도, 시인이 다가가기 전까지 사물은 그저 침묵하는 대상이다. 시인이 의미를 부여할 때 비로소 사물은 존재의 의미가 만들어지는 것이다. 이런 점에서 조기호 시인은 시가 설명으로 생각을 드러내는 것이 아니라 이미지의 결합으로 구조화하는 작업이라는 것을 명확하게 인지하고 있다. 시인은 오브제에 의미를 부여하는 작업을 끊임없이 해야 한다. 시적 대상에 의미를 부여하는 작명가로서 시인은 우리 사회에 끊임없이 관여하며 함축된 언어로 자신만의 소우주를 그려 내는 존재이기 때문이다.

천년의시인선

0001 **이재무** 섣달 그믐
0002 **김영현** 겨울 바다
0003 **배한봉** 黑鳥
0004 **김완하** 길은 마을에 닿는다
0005 **이재무** 벌초
0006 **노창선** 섬
0007 **박주택** 꿈의 이동 건축
0008 **문인수** 홰치는 산
0009 **김완하** 어둠만이 빛을 지킨다
0010 **상희구** 숟가락
0011 **최승헌** 이 거리는 자주 정전이 된다
0012 **김영산** 冬至
0013 **이우걸** 나를 운반해온 시간의 발자국이여
0014 **임성한** 점 하나
0015 **박재연** 쾌락의 뒷면
0016 **김옥진** 무덤새
0017 **김신용** 부빈다는 것
0018 **최장락** 와이키키 브라더스
0019 **허의행** 0그램의 시
0020 **정수자** 허공 우물
0021 **김남호** 링 위의 돼지
0022 **이해웅** 반성 없는 시
0023 **윤정구** 쥐똥나무가 좋아졌다
0024 **고 철** 고의적 구경
0025 **장시우** 섬강에서
0026 **윤장규** 언덕
0027 **설태수** 소리의 탑
0028 **이시하** 나쁜 시집
0029 **이상복** 허무의 집
0030 **김민휴** 구리종이 있는 학교
0031 **최재영** 루파나레라
0032 **이종문** 정말 꿈틀, 하지 뭐니
0033 **구희문** 얼굴
0034 **박노정** 눈물 공양
0035 **서상만** 그림자를 태우다
0036 **이석구** 커다란 잎
0037 **목영해** 작고 하찮은 것에 대하여
0038 **한길수** 붉은 흉터가 있던 낙타의 생애처럼
0039 **강현덕** 안개는 그 상점 안에서 흘러나왔다
0040 **손한옥** 직설적, 아주 직설적인
0041 **박소영** 나날의 그물을 꿰매다
0042 **차수경** 물의 뿌리
0043 **정국희** 신발 뒷굽을 자르다
0044 **임성한** 이슬방울 사랑
0045 **하명환** 신新 브레인스토밍
0046 **정태일** 딴못
0047 **강현국** 달은 새벽 두 시의 감나무를 데리고
0048 **석벽송** 발원
0049 **김환식** 천년의 감옥
0050 **김미옥** 북쪽 강에서의 이별
0051 **박상돈** 꼴찌가 되자
0052 **김미희** 눈물을 수선하다
0053 **석연경** 독수리의 날들
0054 **윤순영** 겨울 낮잠
0055 **박천순** 달의 해변을 펼치다
0056 **배수룡** 새벽길 따라
0057 **박애경** 다시 곁에서
0058 **김점복** 걱정의 배후
0059 **김란희** 아름다운 명화
0060 **백혜옥** 노을의 시간
0061 **강현주** 붉은 아가미
0062 **김수목** 슬픔계량사전
0063 **이돈배** 카오스의 나침반
0064 **송태한** 퍼즐 맞추기
0065 **김현주** 저녁쌀 씻어 안칠 때
0066 **금별뫼** 바람의 자물쇠
0067 **한명희** 마른나무는 저기압에가깝다
0068 **정관웅** 바다색이 넘실거리는 길을 따라가면
0069 **황선미** 사람에게 배우다
0070 **서성림** 노을빛이 물든 강물
0071 **유문식** 쓸쓸한 설렘
0072 **오광석** 이계견문록
0073 **김용권** 무척
0074 **구회남** 네바강의 노래

JN440639